# · GUESTS ·

**Peter Pauper Press, Inc.**
White Plains, New York

# • Guests •

# • G U E S T S •

# • GUESTS •

# • GUESTS •

# • GUESTS •

# • GUESTS •

# • GUESTS •

# · GUESTS ·

# • GUESTS •

# • GUESTS •

# • GUESTS •

# · GUESTS ·

_____

_____

_____

_____

_____

_____

_____

_____

_____

_____

_____

_____

# • G U E S T S •

# • GUESTS •

# • Guests •

# · G U E S T S ·

# · GUESTS ·

# • GUESTS •

# • G U E S T S •

## • GUESTS •

# · GUESTS ·

# • GUESTS •

# • GUESTS •

# • GUESTS •

# • GUESTS •

# · GUESTS ·

# • GUESTS •

# • Guests •

# • G U E S T S •

# • GUESTS •

# • GUESTS •

# • GUESTS •

# · GUESTS ·

# · GUESTS ·

# • GUESTS •

# • GUESTS •

# • GUESTS •

# • GUESTS •

# • GUESTS •

## • GUESTS •

# • GUESTS •

# • GUESTS •

# • GUESTS •

# • GUESTS •

# • GUESTS •

# · GUESTS ·

# · GUESTS ·

# • GUESTS •

# · GUESTS ·

# · GUESTS ·

# • GUESTS •

# • G U E S T S •

# • GUESTS •

# · GUESTS ·

# · GUESTS ·

# • GUESTS •

# • GUESTS •

# • GUESTS •

# • GUESTS •

# • GUESTS •

# · GUESTS ·

# • GUESTS •

# • GUESTS •

# • Guests •

# • GUESTS •

# • GUESTS •

# • Guests •

# • GUESTS •

# • GUESTS •

# • G U E S T S •

# • GUESTS •

# • G U E S T S •

# • GUESTS •

# • GUESTS •

# • GUESTS •

# • GUESTS •

# • GUESTS •

# • GUESTS •

# • GUESTS •

# • GUESTS •

# • GUESTS •

# · GUESTS ·

# • GUESTS •

# • GUESTS •

# • GUESTS •

# • GUESTS •

# • GUESTS •

# • GUESTS •

# · GUESTS ·

# · GUESTS ·

# • GUESTS •

# · GUESTS ·

# • GUESTS •